Sans rime ni raison

Gérard Tournadre

© 2015 - Gérard Tournadre
Edition: BoD - Books on Demand
12/14 rond-point des Champs Elysées, 75008 Paris
Imprimé par Books on Demand GmbH, Norderstedt, Allemagne
ISBN : 9782322042081
Dépôt légal: octobre 2015

Sommaire

G. Tournadre VII/15

La blanche colombe

Je voudrais bien t'aimer à chaque instant du monde
Embrasser ton corps blanc palpitant de plaisir
En sachant que demain, dans mon cœur que tu
sondes,
Tu trouveras toujours la flamme de mon désir
Portée par cet oiseau qui roucoule en planant
Autour de tes cheveux encadrant ton visage
Où de grands yeux rieurs savent garder l'amant
Qui en te regardant ne saurait rester sage.
Je sais bien que le temps parfois ferme les yeux
D'un amour mal rangé qu'il a percé à jour,
En effaçant la trace de nos sommeils heureux,
Un amour impossible fuyant le mot toujours.
Tu iras picorant les graines dans l'ivraie,
Dans des enlacements qui m'éloignent de toi.
Ton présent plein de vie aura tiré un trait
Sur ce bref passage dont je fus le vieux roi.

Aujourd'hui tout est flou, je m'accroche à mes rêves
Mes journées sont trop vides et mes regrets tenaces
Tu me poursuis encore et j'éloigne la trêve
Apaisante et fugace qui calmerait les traces
De ces heures accordées d'une époque bénie.
Ta présence charnelle prêtée comme une offrande,
Où, dans la démesure, j'enchâssais mes envies
Qui bruissaient dans le soir en regagnant la chambre
Si tu savais combien, avec toi, le bonheur
Dans un or introuvable magnifiait tout instant

De voyages incroyables ignorant le malheur
En portant jusqu'aux nues l'inattaquable temps.

Mets ta main dans ma main, laisse courir mes lèvres,
Ton mamelon dressé me dit un grand secret,
Ma langue vient apprendre, agitée par la fièvre,
Ce que veut me confier ton sanctuaire aimé.
Que j'aime à respirer l'odeur de ton pubis,
Les perles de rosée qui, de ce puits sans fin,
Montent et jaillissent enfin pour un dernier délice
Qui me remplit de joie et scelle mon destin.

Dans un ciel bleu de glace, les villages sont morts.
Les écharpes de brume figurent d'autres mondes.
L'infinité de gris habite l'hiver des corps.
Un jour tu es partie, telle la blanche colombe...

¤¤¤¤¤

Le cheval ailé

C'est l'écho des dieux morts qui résonne dans ma tête
Sans aucun préjugé, l'objet de mes désirs,
Quand la crise est ouverte, ne me fait plus frémir.
Je sais que l'immédiat a rejeté la fête.

Dans un nouveau rapport j'entends m'insinuer
Rejetant l'impuissance d'un silence vénéneux
Qui me propulse encore hors du temps des heureux
Et qui voudrait toujours affirmer mes regrets.

Je sais que tu es là, ton sublime sursaut,
Hors du monstre fébrile, conduira l'avenir
D'un ballet merveilleux où je te sens vagir
Quand ton corps s'ouvrira en oubliant les maux.

Nous tiendrons dans nos paumes trois ou quatre
brillants
Rescapés du désastre où nous nous enlisions
Les oripeaux de l'ange s'agitent à la chanson
Que déjà l'on entend tout en se rassurant.

C'est sans laisser de reste qu'il faut se démener.
Par un profond baiser l'avenir nous appelle
Sur le cheval ailé nous remontons en selle
Avec pour horizon l'envie de nous aimer.

¤¤¤¤¤

Tout me semble délice.

Ton corps nu allongé
Sur le sable mouillé
S'est gorgé de soleil
Dans ton profond sommeil

Maintenant alanguie
Tout semble encore permis
Pour des instants rêvés
Que je me suis forgé.

Tes seins se sont dressés
Quand le vent s'est levé
Et mon désir renaît
Rejetant l'imparfait.

Tout me semble délice
Quand les douces prémisses
Chantent à l'unisson
Convoquant les démons.

¤¤¤¤¤

Lueurs d'espoir

Pourquoi je t'aime tant ?
La question me taraude.
Mon amour mécréant
Quand dans le soir je rôde
Cherchant dans ton regard
Cette lueur d'espoir
Eloignant tout départ
Me plongeant dans le noir…

¤¤¤¤¤

Je ne veux plus

Je veux choisir la vie.
Je veux sentir le vent.
Je veux t'aimer ma mie.
Je veux avoir vingt ans.
Je veux croiser les doigts.
Je veux toucher tes seins.
Je veux croire en ta loi.
Je veux forer tes reins.
Je veux serrer ton corps.
Je veux être avec toi.
Je veux tous tes trésors.
Je veux être ta foi.
Je veux m'enfuir au loin.
Je veux frémir d'émoi.
Je veux humer le foin.
Je veux perdre l'effroi.
Je veux...
Je veux...

Je ne veux plus mourir !

¤¤¤¤¤

Désir de fête

Les genêts sont en fleurs et la nature triomphe.
Des roches escarpées l'écume fait son nid
Quand le sel de la mer s'accroche à ton corps nu
Je sais que le bonheur aujourd'hui est ténu
Même si ton regard resplendit à la vie
L'interrogation emplit l'esprit et gonfle.

Que faudrait-il de plus pour que l'envie renaisse
Et assaille ton corps de vibrations lascives
Qui font de notre amour les jours et les nuits.
Pour échapper enfin à ce mortel ennui
Qui lance le destin vers la sombre dérive
Il faut y croire encore à tous ces jours de liesse.

En regardant au loin les flots verts qui moutonnent
Toute l'immensité de l'avenir m'assaille
Et je sens bien renaître ce qui fut un délice
Dans un passé heureux transformant en supplice
Les regrets sans passion creusant comme une faille
Dans ce moment perdu qui fait mal et étonne.

Tu vas me rassurer et par tes yeux rieurs
Chasser tous ces nuages annonçant la tempête
Qui ne peut avoir lieu, aujourd'hui pour le moins,
En étant seuls au monde, écartant les témoins
Qui ne sauraient priser notre désir de fête
Que nous retrouverons allongés dans les fleurs.

¤¤¤¤¤

Symphonie

La mort est-elle sommeil, un sommeil bienfaisant ?
Ou une grande peur agitant le vivant ?
Le royaume des ombres n'a rien de transcendant
Un rite funéraire n'est qu'un bannissement !

Désirant le repos je vis dans ton regard
Et l'inhumain se chasse sans prendre aucun retard.
Le deuil de ton amour chez les vivants hagards
Conduirait mon destin au gré des avatars.

Je crois ma belle enfant que s'unissent nos peurs
Et que dans l'espérance nous chassions tous nos
pleurs
Et qu'une joie profonde nous fasse frère et sœur.

Je ne suis pas doué pour t'appeler à l'aide
Mais sache qu'au fond du cœur l'enfant en moi
procède
De cette symphonie qui agit en remède.

¤¤¤¤¤

Plaisirs de vies

L'exclusion aliénante voudrait nous séparer
Mais je sais qu'entre nous la passion s'organise
Et retient la douceur qui nous fait nous aimer

Ta peau colle à ma peau et c'est dans cette entente
Que va jaillir la flamme qu'ensemble l'on attise
Protégeant l'avenir qu'il pleuve ou qu'il vente.

Quand tu dors près de moi, j'aime à te regarder
En pensant aux moments que nous venons de vivre
Quand mes doigts se posaient sur tes pleins et déliés

Tu ondulais des reins cherchant l'intense joie
Des plaisirs conjugués qui font que l'on s'enivre
A l'ambroisie des dieux qu'à pleines coupes on boit.

Ivresse calculée en caressant les courbes
De ton corps délivré de toute retenue
Et qui vibre en chantant tel un beau troubadour.

Mes mains pressent tes seins qui se tendent d'envie
Et dans ta fourche tiède mon désir se rue
Je n'oublierai jamais ces plaisirs de nos vies.

¤¤¤¤¤

Les pervers innocents

Notre combat, celui des préjugés,
Est toujours difficile à bien mener
Perdus dans les rues de la ville hostile
Notre marche forcée nous rend fébrile ;
Et pourtant, disons-le, nous sommes là
Main dans la main, sans penser au combat
Que nous menons avec sérénité,
Nos cœurs tout engorgés de volupté,
Notre amour éblouissant le chemin
Allant de lendemain en lendemain
Il est vrai que ton corps est impudique
En dressant un grand air de polémique.

Ils sont tous réunis
Et dans leurs cœurs haineux
Montent ces mots de dédain
Qui voudraient nous ternir
Démontrer la folie
Rejeter nos serments
Convoquer la raison
Abolir la passion
Qu'ils rentrent dans le rang
Ces perdus du bon sens
Ces traîtres à leur sang
Ces pervers innocents.

La différence d'âge…
La couleur de la peau…
C'est vrai.
C'est juste.

Et puis alors...
Mais on s'en fout !
Nous nous aimons
Tant pis pour vous
On vous regarde
Vous êtes tristes
Sachez-le bien
On vous emmerde !!!

¤¤¤¤¤

Jusqu'au bout de la nuit.

Festoiement
Entichement
Ensoleillement
Pétillement
Etincellement
Ensorcellement
Déferlement
Lancinement
Rayonnement
Foisonnement
Resplendissement
Ebaudissement
Alanguissement
Attendrissement
Aboutissement
Ravissement
Embrasement
Enchantement
Envoûtement
Impudiquement

Jusqu'au bout de la nuit
Les mots sans fin s'enchaînent
Et n'en finissent plus
Pour traduire notre amour...

¤¤¤¤¤

Ronsard le disait

L'éphémère jouissance aux couleurs subjectives
D'un demain inconscient est devenue rétive.
Les jours froissés sont morts à l'horizon défunt
Parcouru par les vents qui agitent tes seins.
Epris de tes mystères je regarde en rêvant
Les courbes de ton corps remplies de sentiments,

La fleur de ton calice
Où tous mes doigts frémissent.
C'est comme une illusion
Qui sent la perdition,
Les galets de la grève
Où meurent encore les rêves.

Ignorant le ressac de ces vagues impures
Qui martèlent le roc dans de sombres griffures.
J'entends la voix du vent qui hurle en déraison
Et qui voudrait le soir troubler la pamoison
D'une terre promise aux sommets enneigés
Où l'éblouissement gagne la volupté.

Tu es là mon amour
Mais pour combien de jours
Car nous savons très bien
Qu'en tenant dans nos mains
Cette source irréelle
Qu'on voudrait perpétuelle

La houle de l'oubli les soirs de solitude
Chassera au lointain la triste finitude
Qui fait que les amants entreront en errance
Malgré la volupté où ils voguaient en transe
Rien n'est fait pour durer et ton prince charmant
Dans un demain furtif regagne le néant.

Ronsard le disait
Rejetons le harnais
Tout est dans le présent
Il faut saisir le temps
Oublier les années
Ternissant la beauté.

Alors ce soir encore mes mains vont parcourir
Les pleins et les déliés où naissent les désirs
Qui feront que tous deux, unis à satiété,
Nos deux cœurs embrasés des jeux les plus variés
Sauront au creux des draps retrouver la lumière
Dans la chaleur intime devenue incendiaire.

¤¤¤¤¤

Le bel oiseau du soir

Les bouleaux romantiques abritent notre amour
Et dressent leurs colonnes dans un air pur et frais
Elégies poétiques qui vibrent dans le jour
Emportant nos baisers jusqu'aux plus hauts sommets.

Litanies en dérive d'un être plus qu'imparfait
Je te murmure encore mes rêves les plus fous
Et je presse tes reins quand mon désir renait
En attendant l'instant qui nous mène à Capoue.

Le bel oiseau du soir a lancé sa volée
Se posant sur la branche en déployant ses ailes
Il invite nos corps à quitter la pensée
Pour entrer en cadence et pour goûter le miel.

En courant dans les prés près du chemin sans fin
Qui conduit à la source de notre intimité
Les enfants que nous sommes ont trouvé leur destin
Et rêvent en s'aimant à ces heures braconnées.

¤¤¤¤¤

Le jardin secret

Dans un air pur et frais,
Tel un baiser d'enfant
Je trace avec la craie
Des mots de mécréant.
Les fables des récits
Sont encore dans mon cœur
Parmi les derniers cris
Soulignant ma douleur
Avant toi j'ai aimé
Des amours éternels
Dont j'avais hérité
Auprès de toutes belles
Mais je n'ai jamais su
Conduire à l'avenir.
Celles qui m'avaient plu
Consument mes désirs.

Avec toi aujourd'hui
Et plus encore demain
C'est avec frénésie
Que je te tends la main.
Je saurai te garder
Comme une rose éclose
Qui ne peut se faner
Entre mes doigts enclose.

Nous entrerons enfin
Dans le jardin secret
Où tout ce que l'on craint
Devient hors de portée.

Seul notre amour est là
Eternel immédiat.

¤¤¤¤¤

Je veux boire ton miel

Je veux boire à ton sexe en aspirant le ciel.
Tu ne peux pas savoir l'envie d'aller vers toi.
Cette parole singulière qui s'avance masquée
Et qui fait oublier qu'un jour il faut mourir.

En attendant l'enfer, je veux boire ton miel
Et caresser ton corps qui sent monter l'émoi
De la douce tendresse qu'un fer rouge a marquée
Quand dans la douce nuit il faut se reconstruire.

Narcissiques pensées quand les anges d'en haut
Laissent tomber les masques en contemplant rêveurs
Cet homme et cette femme qui sont à l'unisson,

Et qui froissent les draps en chantant leur crédo
Fait d'une soif intense où s'échappent des pleurs
D'un plaisir infini qui scelle leur union.

¤¤¤¤¤

Eternels printemps

Tu es blonde ou châtain, tu es rousse ou bien brune
Je ne saurai le dire tant tes lèvres m'attirent.
Les baisers que j'espère dissiperont la brume
Qui fait que les amants sont encensés de myrrhe.
Et portent jusqu'aux nues leurs doux rêves d'enfant.
Pour la première fois, ils confient leurs envies
A la nature en fête qui entend leurs serments
Et qui songe en rêvant à cet amour sans prix.

La source du ruisseau balbutie la chanson
Sous une coulée verte dont l'ombre est apaisante
Où les corps enlacés entrent en pâmoison.
Les mains cherchent les songes du désir saltimbanque
Les caresses furtives dans l'océan sans fin
Alternent avec l'élan qu'une houle génère
Par mouvements constants qui agitent leurs reins.
Et montent jusqu'aux cieux où les dieux désespèrent.

Quand tes yeux se sont tus et qu'un frémissement
A agité ton corps dans un délire serein
Mes doigts ont accroché, dans un rythme entêtant,
La douceur nacrée de la pointe des seins.
De ton ventre enfiévré je sens monter l'envie,
A peine retenue, du pouvoir absolu
D'un dur raidissement qui s'enfonce en ton puits
Et qui d'un feulement oublie toute vertu.

Quelques instants plus tard reposant sur la couche
Ta tendresse alanguie a calmé nos ardeurs.
De lents attouchements qui n'ont rien de farouches,
En douces arabesques, dessinent avec lenteur
Des plaisirs à renaître pour un proche avenir.
La pluie cogne à la vitre et fait entrer le froid
Dans la chambre attiédie où sont nés les plaisirs
Que la lampe allumée agite en une croix.

Mais les amants sont purs et n'ont rien à cacher
Et sentent monter en eux le parfum de l'excuse
Affirmant haut et fort qu'on peut toujours aimer
Et que la vérité leur servira de muse
Que rien ne peut ternir ces saines déferlantes
Ces brisants aiguisés où crachine le temps
Dans la lande perdue qui reste ensorcelante
Par désirs partagés des éternels printemps

¤¤¤¤¤

Le rêve enchanté.

Tes lèvres purpurines appellent le baiser
Et tes fines dentelles seront à déchirer
Je ne veux plus attendre et ton corps alangui
D'où suinte le désir pour moi n'a pas de prix.
Quand ton ventre palpite sous ma bouche vorace
Et que tes seins dardés de mes dents ont la trace
Le silence est troublé, par les gémissements,
Calmes et encore feutrés, du plaisir des amants.

C'est ce rêve enchanté qui termine mes nuits
Et laisse au fond du cœur des images enfuies
Qui lèvent bien des doutes sur la réalité
De la douce langueur qui m'avait agité.
A la crête des flots, balloté par les vents,
L'espoir de notre amour est parti dérivant
Vers une autre planète où notre intimité,
Parcourue de frissons, reste désorientée

Je ne suis plus le maître et vers des lendemains
Qu'on ne maîtrise plus s'échappe mon destin.
Toi dont l'image nue s'insinue dans ma tête
Voudras-tu bien un jour entrer dans une fête
Que ces rêves dorés portent dans l'irréel
Pour finir au matin dans la clarté blafarde
De ce jour sans fin qui va porter la trace
De ce qui ne sera jamais vraiment humain
Entrant en dérision en portant le mot fin...

¤¤¤¤¤

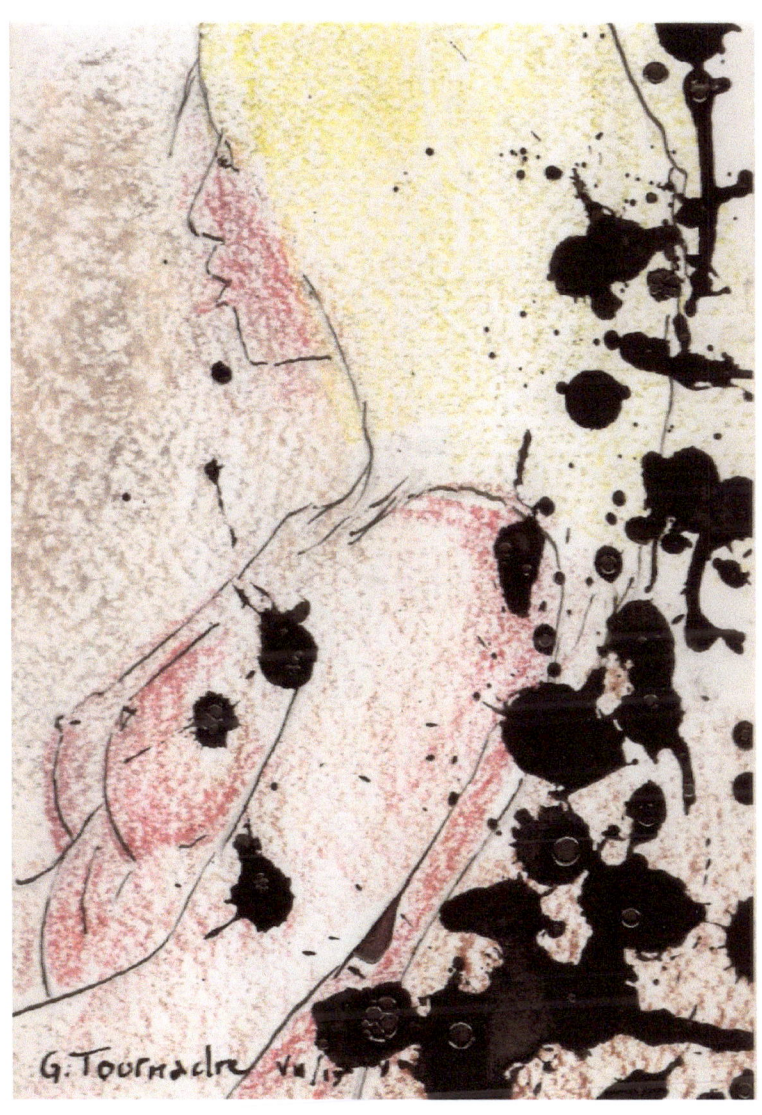

Notre amour est humain

Les dieux de l'Olympe n'en sont pas revenus
Ils n'ont pu s'empêcher de devenir voyeurs
Regardant les amants caresser leurs corps nus
Et de s'interpeler sans aucune grandeur !

Le grand Zeus, tout d'abord, en puissant chef de
bande
Ne cachait pas l'envie qui montait de ses reins
En voyant ce corps blanc devenu une offrande
Qui sous ses yeux bougeait des cuisses jusqu'aux
seins.

Héra, sa femme et sœur ancrée en jalousie
Regarde cette femme qui trouble son époux.
Encore une mortelle qui porte l'infini
Et qui saurait encore mettre Zeus à genoux.

Poséidon puissant a armé son trident
Et cherche dans les flots le passage secret
Qui pourrait lui permettre dans son palais grisant
D'emporter cette nymphe qu'il pourrait sublimer.

Arès, plus qu'à son tour, aveuglé de désirs
Entend mener la guerre d'un amour adultère
Cette femme allongée, faite pour le plaisir

Lui donnera les fils, que réclame sa chair.

Déesse de la raison, Athéna est inquiète.
La juvénile beauté troublante et vénérée
Portera la discorde brisant les cœurs en miettes
Elle les connaît trop bien ces dieux dégénérés !

Apollon incarnant la lumière veut tirer de sa harpe
Les sons mystérieux qui séduiront la femme.
Il ne peut qu'admirer ce corps précieux de jaspe
Ce n'est pas aujourd'hui que s'éteindra sa flamme

Sa sœur auprès de lui, Artémis vierge folle
Rivé au ventre rond de la blonde beauté
Sent la fécondité qui de la couche molle
Doit un jour un bambin de plaisirs engendrer.

Déesse de l'amour, Aphrodite sourit
Pour elle ce tableau est puissant de beauté.
Bouleversant l'équilibre qui mène les proscrits
De leur humain ébat à la divinité.

Hermès adultérin ne peut que protéger
Cet amour incertain qu'il contemple en rêvant
Le messager divin guide vers l'éternité
En chassant le parjure des voyageurs amants.

Héphaïstos boiteux dans sa difformité
Sait souffler sur le feu pour attiser la flamme
Qu'une femme en aimant allume au brasier

Et qui fait que tout homme l'adore et puis l'acclame.

Démeter la discrète oublie le corps de l'homme
Et songe que la vie en cycle naturel
Renouvelle l'envie et fait croquer la pomme
D'une tendre saveur de l'amour éternel.

Et Dionysos enfin qui, dans un rire sans fin,
La tête empanachée des pampres de la vigne
Agite son phallus tenu à pleine main.
Qu'il brandit en clamant plus qu'indigne.

J'ai tiré le rideau et dans la pièce obscure
J'ai baisé tes paupières et serré fort ta main
De l'Olympe et des dieux les images perdurent
Mais nous nous en moquons notre amour est
humain...

¤¤¤¤¤

Adieu, je t'aime.

Je ne veux plus t'aimer, amour que je vénère
Ton silence est trop dur et il fait trop de bruit.
Je ne veux plus toucher tes seins altiers et fiers
Dressant leur mamelon dont je suis tant épris.
Je ne veux plus ton ventre dont la rotondité
Appelle les baisers et se plie sous ma joue.
Je ne veux plus ton sexe aux senteurs mêlées
Qui s'ouvrait au bonheur de ton amant si fou.

T'ai-je dit que je t'aime malgré tous tes caprices
De femme libérée qui sait mener son monde
Par ses yeux langoureux qui mènent au supplice.
Malgré tous mes efforts, comme la terre est ronde,
L'évidence s'impose, je ne peux te quitter
Esclave tu m'as fait, je reste à ton service
Tu peux bien te gausser de cet homme attaché
Qui, pour un seul sourire, accepte les sévices.

Femme-enfant et maîtresse, tu plantes le décor
De ce théâtre intime où se joue notre pièce.
Comédie ou bien trame on virera de bord
En fonction d'un doux chant qui monte d'une sieste
Où nos corps alanguis, sous le couvert des draps,
Entrent en sérénité dans cet apaisement
Qui suivit la tempête trouvée entre nos bras
Levée d'entre nos lèvres dans un enchantement.

Tu crois pouvoir gagner ma douce tourterelle
En ouvrant ton giron dans un roucoulement
Tu crois pouvoir gérer belle et tendre gazelle
Mon corps nu et inquiet qui attend tendrement.
Tu crois pouvoir chanter la folle mélopée
Qui une fois encore m'attire et m'ensorcelle
Tu crois pouvoir m'aimer en restant détachée
Et en jouant de moi au bout d'une ficelle.

Suis-je donc le pantin
Qui t'était destiné ?
Ou triste baladin
Qui ne sait plus rimer ?
Ou encore le faquin
Qui n'a pas peur d'aimer ?

Sous ton grand baldaquin
Comme reine bafouée
Tu regardes ma fin
Ignorant le regret.
Tu es jeune et demain
Tu sauras te sauver.

Et moi que deviendrai-je ?
Sous un tapis de neige
Je ne survivrai pas
Sans entendre tes pas
Qui martelaient ma tête
Quand j'oubliais la fête.

Adieu... Je t'aime...
¤¤¤¤¤

Un futur un peu flou.

Naviguant, entre profane et sacré,
L'amour et l'art se sont donné la main.
Depuis la nuit des temps ils ont aimé
Ces couples illusoires sans lendemain.

Aujourd'hui on voudrait qu'ils soient bénis
Ces corps défunts qui n'ont plus de secret
Sans pour autant trouver le paradis
Qui leur semblait si proche et si parfait.

Beaux et jeunes, ils parlaient au printemps
Qui leur tendait la main dans un sourire
En écartant pour eux le poids des ans
Sachant nous rattraper parmi les rires.

Malheureux humains oubliant les lois
De celui qui fait naître dans son église
Par une vierge-mère ces hommes-rois
A l'espoir insensé qui hypnotise

On n'entend plus chanter dans la forêt
Cet oiseau merveilleux sous la ramure
Le silence est profond et sans regret
Un vent léger attise un doux murmure.

Oublions ce passé et aimons-nous
Seul le présent compte, laissons l'avenir
Construire demain ce futur un peu flou
Où chantent les chansons du devenir...

¤¤¤¤¤

47

Le temps d'une nuit.

Dans la forêt des songes toi, ma belle inconnue,
Alors que je passais, sans histoire et sans but,
Je t'ai vu allongée, troublante nudité
Cachant des yeux de braise derrière tes poings fermés.
C'est un tableau charmant qui a touché mon âme.
En y pensant encore je suis empli de larmes,
Des larmes de bonheur, car en m'agenouillant
Près de ton corps parfait, ce fut en susurrant,
Dans un sourire radieux, que tu me pris la main
M'invitant à toucher la pointe de tes seins.
Rappelle-toi ma belle cet instant de bonheur
Nous trouvant tous les deux serrés au cœur des fleurs
Qui étaient notre couche pour cet amour naissant.
Mes lèvres en frémissant sur ta peau tout entière
Partaient en découverte, le cœur en bandoulière.
Mes doigts s'insinuaient dans ton intimité
Déclenchant en retour des râles apeurés
Qui traduisaient pourtant le plaisir de tes sens
Et que tu réclamais encore en abondance.
J'étais ensorcelé et ma bouche conquise
Taquinait de ma langue, telle une friandise,
Ton bouton de velours tout au fond de ton sexe
D'où coulait maintenant et sans aucun complexe
Cette liqueur divine remontant des entrailles
En festin enivrant qui sortait de ta faille.
Les dieux ont l'ambroisie qui séduit les déesses
Ton amour me suffit et puis j'ai tes caresses
Me portant au zénith d'un beau ciel azuré

Où nous nous promenons dans nos rêves insensés.
Car je sais, mon amour, que dans le petit jour
Succédant à la nuit je serai le balourd
Perdant une fois encore dans la réalité
Ces images troublantes hors de la vérité.
Seul, le temps d'une nuit, au cœur des draps froissés,
Tu me pardonneras, de vivre ces pensées...

¤¤¤¤¤

Tu n'es plus là !

Que veux-tu que je te dise aujourd'hui ?
Que le soleil sans toi ne brille plus !
Qu'un vent violent s'est levé dans la plaine !
Que la pluie sur les carreaux tisse la nuit !
Que les pavés mouillés glissent dans la rue !
Que dans la solitude je me démène !

Tu n'es pas là
Je vais t'attendre
Je n'en peux plus
Sur mon grabat
Je veux te prendre
J'en suis confus !...

Comprends mon émotion
Admets ma confusion.
Tout en ébullition
Je contiens ma passion
Perdant toute notion
Entrant en perdition...

J'en suis confus
Je veux te prendre
Sur mon grabat
Je n'en peux plus
Je vais t'attendre
Tu n'es pas là...

Que pourrais-je te dire pour aujourd'hui ?
Que ton sourire radieux ne brille plus !
Que je parcours sans but toute la plaine !
Que je veux caresser ton corps cette nuit
Que je suis ce mendiant vu dans la rue !
Que dans l'incertitude je me démène !

Tu n'es pas là
Comprends mon émotion
Je vais t'attendre
Admets ma confusion.
Je n'en peux plus
Tout en ébullition
Sur mon grabat
Je contiens ma passion
Je veux te prendre
Perdant toute notion
J'en suis confus
Entrant en perdition...

Tu n'es plus là !!!

¤¤¤¤¤

Tête haute, je tiendrai.

Mets-moi, quoi qu'il arrive, au ban de l'infortune,
Traînes-moi dans la boue ; je tiendrai tête haute.
Caches-moi le soleil, retires-moi la lune,
Sans espoir bondissant ; je tiendrai tête haute.
Dans la marée montante de l'océan immense,
Roulant et enchaîné ; je tiendrai tête haute.
Si je suis démoli, regardes, encore je danse.
Loin des anciennes nuits ; je tiendrai tête haute.

Tête haute, je tiendrai.

Au confluent du corps, le diamant de tes cuisses,
La tendre aurore luit, avec pour héritage,
Mes yeux emplis de larmes, signe de l'esclavage
Où tu m'avais réduit, à l'orée du pubis.

Tête haute, je tiendrai.

Ce paradis perdu, univers plus qu'humain
En terre de majesté, pierre précieuse sertie,
Résidence de roi dont je me suis enfui,
A dressé ses remparts, je n'ai plus de demain.

Tête haute, je tiendrai.

Amer et hébété, dans le profond silence
Des froides nuits d'hiver ; je tiendrai tête haute.
Misérable étranger privé de sa pitance,
L'œil sanglant, sans révolte ; je tiendrai tête haute.
Le vent disperse au loin la cendre du volcan
Qui sectionne l'espace ; je tiendrai tête haute.
Le fer, le feu et l'eau se mêlent en chantant
Ils bondissent et s'embrasent ; je tiendrai tête haute.

Tête haute, je tiendrai...

¤¤¤¤¤

Compostelle

L'ombre sombre des bois
Au cœur de nos étés
Recouvre l'éphémère
De ton corsage en soie
Que je vais arracher,
Donnant à la lumière
La beauté de ton corps
Que je veux caresser
Dans ses moindres parcelles
En appuyant plus fort
Sur tes seins redressés
Qui mènent à Compostelle ;
Ce long cheminement
A travers vals et monts
Nous conduit au bonheur
Qu'on atteint en chantant
Sans rime ni raison
Auprès du saint sauveur.

¤¤¤¤¤

G. Tournadre 1/10/15

Veux-tu encore m'aimer ?

Dans les néons blafards, le temps est ralenti,
Mon amour s'impatiente et ne veut disparaître.
Au rythme des marées j'entends venir la nuit
Tu feins la surdité, tu ne veux plus paraître
La scène s'est figée, ton silence m'envahit
Mon cœur ne battra plus englué de salpêtre
Et c'est agenouillé, en homme qui subit,
Que je viens à tes pieds déposer tout mon être.

Veux-tu encore m'aimer ?

¤¤¤¤¤

Adonis apostase.

Adonis apostase quand le recul du temps,
Territoire agité, me fait indifférent
A notre belle histoire aujourd'hui dans les rangs
D'une source tarie où je vais suffoquant.
Toute terre habitée au parfum d'oliban
A la beauté d'un diable perdu dans les haubans
D'où les chants de la haine s'échappent en forniquant.
Sommes-nous incapables d'arracher le chiendent
De notre jardinet au pouvoir obsédant.
Ivre de ton amour, je suis un émigrant...

Déferlante amoureuse revient sous ma bannière
Accélère le temps et sort du cimetière
Pour l'élan en avant rejetant la tanière
Où ton corps frémissant tel la rose trémière
Porte l'espoir du fou à l'œil crépusculaire.
Monde sans précédent tu deviens exemplaire
Portant l'homme nouveau qui oublie les frontières
Devient intarissable quand il se désaltère
A ton sexe éclaté tout luisant de mystère
Et où tout frissonnant il se veut pensionnaire...

Les chemins de traverse se sont illuminés
J'entrevois au lointain ton corps encore caché,
Métaphore du désir d'une mer inondée
Où la palpitation d'un moi intimidé

Rêve d'un univers aux sacrés coryphées
Qui ont tués les dieux dans un autodafé
Où nos futurs amours sauront se réchauffer
Ma voix en moi s'est tue et gagné par Morphée
Je décrypte mes songes n'étant plus prisonnier
De cet immense vide où tu m'avais plongé...

Je me berce en ton corps n'étant plus le paria
De tes langueurs d'automne écartant le frimas
Et retrouvant l'espoir d'un plaisir immédiat.
Je vois déjà mes mains aborder le trois-mâts
De tes deux seins narquois, de ton sexe grenat,
Où tangue mon désir cherchant le nirvana
Dans un bonheur réel où mon cœur éclata
Insatiable compagne qui un jour me chassa
A retrouvé l'envie de belle tanagra
Les moments de beauté sentent le mimosa...

A sauts et à gambades une tendre harmonie
Réjouit enfin nos sens en alchimie unis
De nos débris de rêves le passé se délie
L'extase romanesque n'est plus anomalie
Et nos bouches soudées font entrer la folie
Nous nous aimons sans fin ma douce Ophélie
Mes doigts dans tes cheveux, ma tendre alanguie,
Dévastent tes boucles blondes et tous tes friselis
Nous tremblons de désir, tout nous semble permis
Et l'on s'unit encore pour tous ces jours bénis...

¤¤¤¤¤

Demain sera nouveau.

Mon amour aux aguets a recherché ta trace
Dans les cœurs révoltés de tes amants d'un jour.
Ce butinage vain m'a fait perdre la face
Mais malgré ma détresse je t'aimerai toujours.

J'attends les jours heureux où tu me reviendras
Comprenant dans ton corps l'appel de mes baisers
Apportant le plaisir au plus profond des draps
Que nous avons souillés avant d'être apaisés.

Souviens-toi de mes mains auscultant les merveilles
De tes seins qui pointaient, de ton sexe entr'ouvert,
De tes lèvres fardées au raisin de la treille,
De la rare cambrure de tes reins sans barrière.

Nous étions amoureux et nos jeux sans relâche
Unissaient nos destins et prolongeaient notre âme
Quand, oubliant le monde, qui hait et qui rabâche,
Nous portions sur l'autel la chaleur de la flamme.

Demain sera nouveau et nous retrouverons
Ces instants oubliés qui résonnent en nos cœurs
Et nous saurons parler en demandant pardon
A la lumière des nuits qui baignaient la langueur.

Redeviens mon amante et unissons nos corps
Dans la blanche lueur d'un jour béni sans fin
Qui verra nos désirs retrouver le bon port
De marins burinés devenus chérubins.

¤¤¤¤¤

Mes rêves sont fêtes.

Entente mélodieuse, nouvelle symphonie,
La ligne mélodique de cet amour complet
Qui unit nos deux cœurs repliés dans leur nid
En murmurant parfois le merveilleux couplet
Qu'on aime à fredonner en regardant les flots
Où notre frêle esquif roule de vague en vague
Mais tient toujours son cap conduisant à l'îlot
Où l'on s'allongera puisque la mer divague.
Le soleil retrouvé et nos peurs désertées
Il ne restera plus, au creux du sable chaud
Qu'à épuiser l'ardeur qui vient nous réveiller
Et nous porte à nouveau vers les cieux les plus beaux.
C'est ce rêve insensé qui trotte dans ma tête
En portant mes espoirs vers cet amour naissant
Qui m'étreint chaque nuit quand mes rêves sont fêtes
Et que je porte en moi au sein d'un cœur flambant.

¤¤¤¤¤

L'essentiel est ailleurs

L'essentiel est ailleurs, la messe a été dite,
Sur tes reins ravageurs, mon esprit tangue et gite.
Le jugement dernier ne se profile pas
Je ne saurais chanter quand sonnera le glas.
Le plaisir est suprême, là où s'égare mon âme,
Et tes seins sont espiègles quand tu deviens la femme
Qui exalte les sens de mon corps rayonnant
Dans son désir de chair pour devenir amants.

¤¤¤¤¤

Tu crois...

Tu es aimée
Je suis tombé
Tu es nimbée
Je suis bouche bée
Tu es galbée
Je suis courbé
Tu es gréée
Je suis bradé
Tu es geôlier
Je suis piégé
Tu es déliée
Je suis bourbier
Tu es brasier
Je suis tourbier

Tu crois que l'on peut vraiment s'aimer ?
Je crois qu'il faut vraiment s'aimer !

¤¤¤¤¤

Le dernier contingent.

Sous l'aile du corbeau ton cœur perdit la tête
Et les jours infinis oublièrent la fête.
Je n'avais rien compris dans cette pluie sans fin
Qui baignait la lumière figée du lendemain.
Ce n'est plus Babylone se cachant du soleil
D'une nuit sans folie où je n'ai plus sommeil.
Les abeilles se sont tues et le miel s'est tari
Dans la ruche désertée d'une reine flétrie.
Quand rien n'est superflu dans ce grand dérapage
Où des monstres s'agitent entre toutes les pages
De ce livre incertain où la peur intégrale
Prend la dimension d'une femme fatale.
Je peux me réfugier dans le soir inconnu
Où se perd la mémoire dans les âffres qui ont vu
Les nouveaux temps glaciaires de ces quatre saisons
Qui recouvrent le monde entré en perdition.
Ce monde s'est caché ; mon dernier testament
D'une vie parallèle d'où l'on sort en rêvant
Portera tout l'émoi qui unissait nos corps,
Obsolète vision de ce pauvre décor
Où je m'accroche encore en disant « toi » et « moi »
Dans l'ultime sursaut d'un espoir plein de foi.

Je t'ai aimé...
Je t'aime !!!
Je t'aimerai ???

¤¤¤¤¤

Je croyais au bonheur.

La vie s'en est allée depuis que t'es partie
Mon cœur s'est asséché et je n'ai plus d'envies
Je suis seul à présent et le froid m'envahit
Quand je repense à toi et à nos jours bénis.

Je croyais au bonheur dans le creux de tes bras
Quand ma bouche entr'ouverte, échappant au frimas
De ces soirées d'hiver, sentait le goût d'orgeat
De ton corps exalté au plus profond des draps.

Quand tu te souviendras de ces moments d'été
Où mes mains sur tes seins parcouraient les déliés
Se faisant caressantes sur tes courbes dressées,
Tu sentiras peut-être l'envie se propager.

La courbe de tes reins augmentait mon désir
Et c'est ma bouche en feu qui levait le plaisir
Qui ne nous quittait plus du plus profond nadir
Jusqu'aux sommets radieux où nous pouvions gémir.

Les souvenirs s'épuisent et dans la sombre nuit
Il faut bien l'accepter les images s'enfuient.
La couleur de tes yeux se dilue dans la pluie
Et dans ton puits sacré nul parfum d'Arabie.

¤¤¤¤¤

Tu te reconnaîtras...

Tu présentes tes seins
Comme un bouquet de fleurs
Où s'égarent les mains
Pour en toucher le cœur.

Accroché au regard
De tes yeux soulignés,
Est-ce encore un hasard,
D'un blanc immaculé

Qui barbouille mon âme
Toute accrochée à toi
Ma très jeune belle dame
Procurant les émois

Je voudrais te toucher,
Laisser glisser mes doigts
Sur tes courbes galbées
Palpitant sous la soie.

Sur ton ventre bombé
Je poserai mon front
Avant de labourer
Ton corps en abandon

Tes désirs sont les miens
Sens-tu monter l'envie
 Qui inonde nos reins
Et anime la vie.

Car crois-moi toute belle
Demain sera plus beau
Tu te remets en selle
Laissant les oripeaux

De ces tristes instants,
De ces ennuis sournois
Et de ces accidents
Attristant ton minois.

Tes cheveux relevés
Attirent sur ta nuque
Les plus longs des baisers
Tout imprégnés de sucs

Je suis tout frémissant
Dans l'ombre de ton corps
Et c'est en gémissant
Que j'attends ton accord.

Pourras-tu dire enfin
En me serrant très fort
Ce mot que mon destin
Attend comme un essor ?

¤¤¤¤¤

Sans rime ni raison...

J'ai rêvé à l'amour
A l'amour avec toi
A ses folles étreintes
Qui unissaient nos cœurs.
Comment se lasserait-on
De parcourir ton corps
De baisers, de caresses ?
Je suis ton prisonnier,
Prisonnier de tes yeux,
Prisonnier de tes seins,
Prisonnier de tes reins,
Prisonnier de ton âme...

Ce n'est certes qu'un rêve
Mais il permet de vivre.
La grisaille du temps
S'efface lentement
Quand mes lèvres avides
Font granuler ta peau
Et s'ouvrir ton doux puits
D'où coule cette ambroisie
Qui régala des rois
Et qui m'enivre encore
Je ne puis t'oublier
Dans ces rêves incertains...

Tu occupes mes nuits
Et grâce à ces étreintes
Je suis toujours en vie
Dans cette cavalcade
Qui froisse tous les draps
Et qui n'arrête pas.
Quand tu creuses tes reins
Pour attiser l'envie
Qui va souder l'union
Dans une possession
Dont on ne revient pas
Je vais à l'infini...

Mais ce n'est qu'un beau rêve
Sans la réalité
Et qui te ferait rire
Si tu le connaissais.
Et quand le jour se lève
C'est un simple sourire
Que j'attendrai de toi
Une pression de main
Un simple mot gentil
Un moment d'attention.
Peu de choses pour toi
Et de l'espoir pour moi !...

¤¤¤¤¤

Ne dis plus rien...

Sur ta nuque tatouée
Je dépose un baiser
Et mes lèvres en feu
Dans le duvet soyeux
De tes blondes aisselles
A l'odeur d'asphodèle
Se perdent en frémissant
Recherchant le diamant
Dans la goutte de sueur
Qui fait tout mon bonheur.
Dénude ton épaule
Quand mes doigts caracolent
Sur ta peau mordorée
Par le soleil ambrée.
Ma joue au bas des reins
Au galbe gréco-romain
Cherche à trouver la faille
Qui fait que tu défailles.
Et c'est ma langue impie
Se perdant dans les plis
En en trouvant le goût
Brisant les garde-fous
Fouille les lèvres gonflées
De ta féminité.

Nous nous aimons...
Ne dis plus rien...

¤¤¤¤¤

Rêve insensé.

Je t'ai toujours aimé
Et tu n'en as rien su.
Je n'ai rien regretté
Ce n'était pas mon dû
Que de pouvoir serrer
Dans un regard perdu
Ce corps tant désiré
Dont je me suis repu
Dans ces rêves insensés
Permettant les abus
De mes sens aiguisés
Rejetés en rebut...

Tu passais çà et là
Sans te préoccuper
De ce vieil échalas
A la tête penchée,
Genre Pulcinella,
A tes pas attachés
En un apostolat
Que tu savais guider
Par l'attachant deux-mâts
De tes jambes écartées,
Deus ex machina
De l'amour avorté...

Combien je t'ai rêvé
Ma belle sauvageonne

Dans des lieux prohibés
Où notre amour braconne
Ces plaisirs ébréchés
Dignes d'une Antigone
Qui s'est barricadée,
Eternelle démone,
Qu'on ne peut persuader
Qu'être un jour polissonne
Ne pourra entraver
Cet amour qui moissonne.
Au cœur de mes tourments
Ton image irradiée
Etait le testament
De bonheurs arrachés
A ce chambardement
Dont j'étais entiché
Par cet égarement
Qui m'avait possédé.
Je suis outrecuidant
En voulant m'attacher
A ton corps triomphant
Où je voudrai nicher...

Tes seins ont décoché
Les trésors de Capoue
Lorsque tu t'es penchée
Pour rapprocher ta joue.
Je pouvais espérer
Dans un trouble un peu fou
Que ces courbes bombées
Briseraient les tabous
Permettraient d'ébaucher

Des rites un peu fous
Où je peux dégrafer
Ton délicieux boubou…

Ta nudité
Est là, pour moi…
Je rêve un peu…
Tu es bien là !…
Je te regarde…
L'envie me gagne…
Unissons-nous…
La fièvre monte…
Je suis à toi…
Tu es à moi…
Nous nous aimons !…
Soyons heureux…

Rêve insensé.

¤¤¤¤¤

Crois-moi... Je t'aime...

Un oiseau sur la branche s'est posé en rêvant.
Sur cet arbre sans feuille le vent souffle en rafales
Les plumes ébouriffées le rossignol s'est tu.
Le grand froid de l'hiver agit en mécréant
En empêchant le chant de ce bel animal
Qui grelotte transi dans un regard perdu.

Tu es comme l'oiseau avec tes bras ballants
Qui n'ont plus à serrer mon corps nu sur la dalle
Que jadis tu aimais sans en être repu.
Il faudra bien t'y faire les souvenirs rampants
Habiteront ton âme éloignée de ma flamme
Qui s'est perdue au loin dans un monde inconnu.

Ne laisse pas percer ces sanglots déchirants
Qui montent de ta gorge en ce jour sépulcral
Tourne-toi à la vie et son tohu-bohu
Il ne faut pas pour moi laisser courir les ans
Et rechercher demain en forme de saint graal
Les mannes de celui aujourd'hui disparu.

L'amour est le plus fort et ton corps délirant
Oubliera ces moments qui n'étaient qu'une escale
Dans ce monde inquiet où nous avons vécus
Que je viens de quitter pour devenir gisant
L'avenir malgré tout ne sera pas glacial
Et tu redeviendras une belle ingénue.

Je suis confiant pour toi ; spectacle attendrissant
D'un sein gonflé d'espoir palpitant sous ton châle
D'un sexe palpitant où le désir afflue
Tout en toi dit encore cherchant le courtisan
Qui saura redonner le désir triomphal
En rejetant au loin les souvenirs diffus.

Crois-moi... Je t'aime...

¤¤¤¤¤

Collection de l'arbre à palabres

Jean-Pierre Batsère : Bête et bestioles
Camille Dehlsol : Mélodydrame
Gérard Tournadre : Fragrance de désespéramour
Jean-Pierre Batsère : Eurydice
François Mourgues :
Les quatre saisons d'Hector Pintounelle
Gérard Tournadre : Le littéralecteur
Collectif : Présence actuelle d'Albert Camus
Gérard Tournadre : Fragments sans fin
Daniel Goubier : L'enfant en saint
Gérard Tournadre : Fin de cycle
Jean-Pierre Batsère : Ecoles
Gérard Tournadre : Sans rime ni raison